BEI GRIN MACHT SICH IHR WISSEN BEZAHLT

- Wir veröffentlichen Ihre Hausarbeit, Bachelor- und Masterarbeit

- Ihr eigenes eBook und Buch - weltweit in allen wichtigen Shops

- Verdienen Sie an jedem Verkauf

Jetzt bei www.GRIN.com hochladen und kostenlos publizieren

Konstruktivistische Ansätze in der Schulsozialarbeit. Förderung von kooperativem Lernen im Klassenverband

Sherina Beha

Bibliografische Information der Deutschen Nationalbibliothek:

Die Deutsche Nationalbibliothek verzeichnet diese Publikation in der Deutschen Nationalbibliografie; detaillierte bibliografische Daten sind im Internet über http://dnb.d-nb.de abrufbar.

ISBN: 9783389091517
Dieses Buch ist auch als E-Book erhältlich.

© GRIN Publishing GmbH
Trappentreustraße 1
80339 München

Alle Rechte vorbehalten

Druck und Bindung: Books on Demand GmbH, Norderstedt Germany
Gedruckt auf säurefreiem Papier aus verantwortungsvollen Quellen

Das vorliegende Werk wurde sorgfältig erarbeitet. Dennoch übernehmen Autoren und Verlag für die Richtigkeit von Angaben, Hinweisen, Links und Ratschlägen sowie eventuelle Druckfehler keine Haftung.

Das Buch bei GRIN: https://www.grin.com/document/1519351

Wie kann die Schulsozialarbeit unter Hinzuziehen konstruktivistischer Ansätze des Lernens dazu beitragen, kooperatives Lernen im Klassenverband zu fördern?

von

Sherina Beha

Erstellt im Rahmen der Veranstaltung:
Modul O1: Bildungs- und Lerntheorien, SoSe, 2024

Abgabe: 30. September 2024

Inhaltsverzeichnis

1 Einleitende Worte...3

1.1 (Radikaler) Konstruktivismus..4

2 Konstruktivistische Lerntheorie..5

2.1 Konstruktivistische Unterrichtskonzepte und -modelle..6

2.2 Konstruktivismus und Kooperatives Lernen..8

2.3 Wie kann die Schulsozialarbeit dazu beitragen?..10

3 Fazit..11

4 Literaturverzeichnis..13

1 Einleitende Worte

"*Stelle eine für den Schüler anregende Umgebung her. Überlasse dem Lernenden alle Freiheit, um seine Lernaktivitäten aus sich heraus zu entfalten. Kontrollen des Lernprozesses sind nicht notwendig. Das natürliche Interesse des neugierigen Kindes und wissbegierigen Jugendlichen an der Welt garantiert den Lernerfolg.*" (Vollmers 1997, S.83)

Die oben zitierte „Anleitung" soll als erster Anreiz für das Thema, mit dem ich mich im Umfang dieser Arbeit beschäftigt habe, dienen. Sie spiegelt den Leitgedanken der konstruktivistischen Lerntheorie wider. Diese geht grob davon aus, dass Lernen ein aktiver und individueller Prozess ist, bei dem Lernende neues Wissen auf der Grundlage ihrer bisherigen Erfahrungen und ihres Verständnisses konstruieren. Dabei spielen soziale Interaktionen und der Austausch mit Mitlernenden eine zentrale Rolle. Lernende sind keine passiven EmpfängerInnen von Informationen, sondern gestalten ihren Lernprozess aktiv, indem sie Bedeutungen aushandeln und ihr Wissen kontinuierlich reorganisieren und erweitern. So viel erstmal zur Theorie.

In vorliegender Arbeit gehe ich der Frage nach, inwiefern die Schulsozialarbeit unter Hinzuziehen konstruktivistischer Ansätze des Lernens dazu beitragen kann, kooperatives Lernen im Klassenverband zu fördern. Da ich selbst Schulsozialarbeiterin bin, beschäftigt mich schon seit geraumer Zeit genau diese Frage, die hier in Beziehung zu der kontruktivistischen Lerntheorie und meinem Handlungsfeld gesetzt werden soll. Im ersten Kapitel wird daher als Basis eine Übersicht der Theorie des Kontruktivismus dargestellt. Aufbauend darauf leite ich im zweiten Kapitel zur konstruktivistischen Lerntheorie über und gebe einen Einblick in verschiedene Unterrichtskonzepte bzw. -modelle. In einem Unterkapitel möchte ich dann aufzeigen, dass die Idee des Kooperativen Lernens aus konstruktivistischen Ansätzen hervorgeht und sich im Hinblick auf meine Fragestellung gut verknüpfen lässt. Um folgend näher auf den Kern meiner Fragestellung einzugehen, versuche ich die gewonnenen Erkenntnisse auf das Praxisfeld der Schulsozialarbeit zu beziehen, sodass wir uns einer Antwort zumindest annähern. Abschließend reflektiere ich meine Fragestellung anhand der aufgeführten Ergebnisse und gebe einen Ausblick auf mögliche Forschungsbereiche.

1.1 (Radikaler) Konstruktivismus

Der Entwicklungspsychologe Jean Piaget gilt als Begründer des Konstruktivismus. Er war einer der ersten, der Wissen als menschliche Konstruktion beschrieb. Seine Theorie ist eine Form der Erkenntnistheorie und beschäftigt sich mit der Frage nach der Voraussetzung für Erkenntnis und dem Entstehen von Wissen (vgl. Dilling 2021, S.9-14). Dabei nimmt sie die Position ein, dass Erkenntnis in einem Konstruktionsprozess vom Menschen entwickelt wird und jeder Akt des Erkennens auf den Konstruktionen eines Beobachters und nicht auf der genauen Übereinstimmung der eigenen Wahrnehmungen mit einer externen Wirklichkeit beruht (vgl. Pörksen 2015, S.3-7). Diese ersten theoretischen Annahmen bilden die Grundlage für teils sehr unterschiedliche Ausprägungen konstruktivistischer Ansätze. Trotz aller Unterschiedlichkeit besitzen sie jedoch eine zentrale Gemeinsamkeit: Das konstruktivistische „Kernproblem", nämlich die prozessual verstandene Entstehung von Wirklichkeit zu beobachten bzw. wissenschaftlich zu erfassen (vgl. Pörksen 2015, S.3-7).

Nach Piaget handelt es sich bei Wahrheiten nicht um objektive Wahrheiten, stattdessen wird eine mehr oder weniger stabile innere Erlebenswelt entwickelt, die die Wirklichkeit des Subjekts darstellt. Unter der objektiven, bzw. intersubjektiven Wirklichkeit wird die Gesamtheit der Konstrukte verstanden, die sich in der Interaktion mit anderen Subjekten als „viabel", also als miteinander vereinbar erweisen. Entsprechend ist nach Piaget jede Beobachtung abhängig vom beobachtenden Subjekt (vgl. Dilling 2021, S.9-14). Wissen ist somit kein direktes Abbild der Realität, sondern eine Interpretation, die durch individuelle Wahrnehmungen konstruiert wird. Allerdings wird nicht grundsätzlich die Existenz einer objektiven Realität bestritten. In Wahrnehmungsprozessen bauen sich nämlich interne Erfahrungsstrukturen auf, die erfolgreiche Interaktionen des Organismus mit der Umwelt ermöglichen. Viabilität von Wissen tritt dann an die Stelle einer wahren Beschreibung und durch wiederholt erfolgreiches Handeln mit anderen entsteht eine stabile intersubjektive Welt, die Objektivität begründet (vgl. Rustemeyer 1999, S.467-478).

Ein weiterer Ansatz, der insbesondere in der Pädagogik seit etwa Mitte der 70er Jahre und seit Anfang der 80er Jahre auch in Deutschland rezipiert und vielfach angewendet wurde, ist der „Radikale Konstruktivismus". Wie der Name schon vermuten lässt, geht der Radikale Konstruktivismus noch einen Schritt weiter. Die Theorie des Radikalen Konstruktivismus geht auf die Arbeiten der Philosophen Ernst von Glasersfeld und Paul

Watzlawick, sowie der Biologen und Philosophen Humberto R. Maturana und Francisco Varela zurück und fand ihren Ursprung in den Theorien von Piaget (vgl. Dilling 2021, S.9-14). Auch sie beschäftigt sich in ihrem Grundgedanken mit der Kategorie von Wahrheit und Wirklichkeit. Radikale Konstruktivisten gehen im Unterschied davon aus, dass die Außenwelt grundsätzlich <u>nicht</u> objektiv erkennbar ist. Somit kann Wissen nur im kognitiven System entstehen, im einzelnen Individuum selbst (vgl. Pitsch 2007, S.1-6). Jedes Individuum konstruiert Wissen zur Beschreibung der eigenen Erfahrungswelt, welche anderen Individuen vorenthalten bleibt. Es kann in der sozialen Interaktion zwischen Individuen lediglich von ausreichend vielen „Gemeinsamkeiten" im Sinne einer Gesprächsbasis ausgegangen werden. Ob diese Gemeinsamkeiten aber wirklich bestehen, können die Individuen nicht überprüfen (vgl. Dilling 2021, S.9-14).

Als neues Paradigma im interdisziplinaren Diskurs erregt der Radikale Konstruktivismus bereits seit einigen Jahren Aufsehen. Dabei ist der Begriff, aus dem die Theorie wohl am meisten Innovationsgewissheit zieht, der der Autopoiese (vgl. Kuhl, S.43-48). Humberto R. Maturana hat das Konzept der Autopoiesis als Zentralkriterium zur Bestimmung des Lebendigen vorgeschlagen. Lebende Systeme sind nach Maturana sich selbst herstellende, selbstorganisierende, selbsterhaltende und selbstreferentielle geschlossene Systeme. Sie bilden ein Netzwerk von internen und zirkulär verwobenen Produktionsprozessen, die sie zu einer abgrenzbaren Einheit macht, indem sie sich beständig selbst erzeugen und auf diese Weise selbst erhalten (vgl. Pörksen 2015, S.3-7). Selbstherstellung und Selbstorganisation bezeichnen die Emergenz eines Systems. Selbstorganisation bezeichnet die Prozesse, die in einem lebenden System vor sich gehen und die vom System selbst hervorgerufen und auf sich selbst gerichtet sind (Selbstreferentialität) so, dass die Aufrechterhaltung des Systems gewährleistet ist (Selbsterhaltung) (vgl. Kuhl, S.43-48). Was die oben erwähnten Ausführung für die konstruktivistische Lerntheorie bedeutet, soll im folgenden Kapitel erläutert werden.

2 Konstruktivistische Lerntheorie

Jede Disziplin, die sich mit Lernen befasst, verfügt über zahlreiche Modelle, die das Lernen aus ihrer fachlichen Sichtweise erklären. Lernmodelle, die die Erziehungswissenschaft, die Medienpädagogik sowie die Schulpädagogik in maßgeblicher Weise geprägt haben, gehen auf konstruktivistische Ansätze zurück (vgl. Knaus 2016, S.142-144). Mit dem Umschwung vom Strukturalismus zum

Konstruktivismus schuf Piaget eine der ersten konstruktivistischen Lerntheorien (vgl. Vollmers 1997, S.74-83). Durch die Beobachtungen von Lernprozessen bei Kindern erlangte Piaget die Erkenntnis, dass diese im Verlauf ihrer Entwicklung nicht einfach mehr Wissen erwerben, sondern vorhandenes Wissen umstrukturieren und neu organisieren. Piaget begreift Lernen als Ergebnis einer fortwährenden Bestätigung oder Enttäuschung von Erwartungsmustern, die sich im Laufe der Sozialisation herausbilden. Die fortlaufende Bestätigung oder Enttäuschung von Erwartungen erscheint als ein für das Lernen bedeutsames Ereignis. Sie erlaubt die Verfestigung oder Veränderung von Schemata und die Assimilation und Akkommodation des Subjekts (vgl. Pörksen 2015, S.3-7). Assimilation bezeichnet für Piaget ein Schema, mit dem Individuen beim Lernen aktiv Ereignisse der Außenwelt einordnen, strukturieren und deuten. Dagegen ist Akkommodation eine jeweils situative Anpassung an unterschiedliche Umweltbedingungen (vgl. Reich 2008, S.72). Ergebnis eines jenen Lernprozesses sind dann konstruierte subjektive Wirklichkeiten, die aus erlernten Erfahrungen bestehen und wiederum herangezogen werden, wenn das Individuum mit neuen Erfahrungen konfrontiert wird (vgl. Knaus 2016, S.142-144). Lernen aus Sicht des Konstruktivismus, ist ein autopoietischer, selbst gesteuerter, eigenwilliger und eigensinniger Prozess. Lernen erfolgt dabei nicht passiv und durch Umweltreize gesteuert (Behaviorismus), sondern ist als aktiver Prozess zu verstehen, bei dem das individuell vorhandene Wissen und Können aus neuen, eigenen Erfahrungen verändert und personalisiert wird. Das heißt auf die eigene Interpretation und das eigene Verstehen ausgerichtet werden (vgl. Siebert 2005, S.29-44). Die Lernenden wenden sich ihnen bedeutsam erscheinenden Ausschnitte ihrer Umwelt zu und konstruieren auf der Basis ihrer subjektiven Erfahrungsstrukturen Wirklichkeit individuell. Erst dadurch wird anspruchsvolles Denken möglich, weil das dazu notwendige Wissen im Kontext des Vorwissens und der eigenen Erfahrung neu konstruiert wird (vgl. Raithel et. al 2009, S.72).

2.1 Konstruktivistische Unterrichtskonzepte und -modelle

In den letzten zwanzig Jahren hat es verstärkt Bemühungen gegeben, den Unterricht in der Schule anders zu gestalten. PädagogInnen haben in den letzten Jahrzehnten Konzepte eines „handlungsorientierten" Lehrens und Lernens entwickelt, die zunehmend Anwendung in der Schule finden (vgl. Vollmers 1997, S.74-83). An dieser Stelle ist es vielleicht angebracht das Verständnis von Schule zu reflektieren. Geht man davon aus, dass die Schulpflicht für alle Kinder eines bestimmten Alters unabhängig vom individuellen Entwicklungsstand gilt, wie es die KMK-Empfehlungen von 1979 vorsehen, dann kennzeichnet sich Schule entweder durch „Lehren" und andere Vermittlungsformen oder der Begriff „Lehren" muss wesentlich weiter gefasst werden. Im letzteren Falle kann man unter „Lehren" jede Form des Versuchs der intentionalen Vermittlung verstehen, die darauf abzielt, mittels begründbarer Verfahren die Entwicklung einer zunächst abhängigen Person zur möglichst unabhängigen Persönlichkeit zu fördern (vgl. Pitsch 2007, S.1-6). So ist die Unterscheidung zwischen darbietendem und problemorientiertem Unterricht zum Beispiel weit verbreitet. Darbietender Unterricht meint dabei „traditionellen" Frontalunterricht, demgegenüber entspricht der problemorientierte Unterricht größtenteils konstruktivistischen Lerntheorien. Auch die Stichworte „schülerzentriertes" Lernen, „selbstgesteuertes", „selbstständiges" und „kooperatives" Lernen oder die Lehrperson als „Lernberater", gehen aus konstruktivistischen Ansätzen hervor (vgl. Dubs 1995, S.889-903).

Mit der konstruktivistischen Lerntheorie korrespondieren entsprechende Lehr- und Unterrichtsmodelle, die ein antizipatorisches, vorausschauendes Lernen und die Individualisierung des Lernens betonen. Konstruktivistisch sind solche Modelle, weil sie sich eingestehen, dass ihre Konstruktion von Wirklichkeit eine zeitgebundene, lokale, ethnisch geprägte, sozial und kulturell bedingte Sichtweise darstellt, deren Wahrheit stets relativ im Blick auf diese Herkunft bleibt. Keine Lehrkraft kann die Wahrheit auf Dauer und für alle voraussagen, kein Lernender kann eine einzig richtige Lehrmeinung oder Methode für immer erlernen (vgl. Reich 1998, S.20-26). Dennoch sind sich die Konstruktivisten darin einig, dass sich der Unterricht inhaltlich an komplexen, lebensnahen und ganzheitlich zu betrachtenden Problembereichen orientieren muss. Komplexe Lernbereiche sollten auf die Vorerfahrungen und die Interessen der Lernenden ausgerichtet sein, da ihre Inhalte dann am herausforderndsten sind, wenn sie auf realen Erfahrungen und Interessen von Schülerinnen und Schüler ausgerichtet werden (vgl. Siebert 2005, S.29-44).

„Gelernt wird dann nachhaltig, wenn man das Gelernte hier und heute braucht, wenn es lebensdienlich ist, wenn es Ordnung in einer unübersichtlichen Welt herstellt, wenn es handlungsrelevant ist." (Siebert 2005, S.32).

Lernen ist aus konstruktivistischer Sicht strukturdeterminiert, das heißt, was und wie etwas verarbeitet wird, hängt weniger von der Qualität der Mitteilung ab als von dem internen kognitiv-emotionalen System und den momentanen körperlichen Empfindungen (vgl. ebd.). Lernerfolge hängen außerdem von anregungsreichen Lernumgebungen ab, die die Eigenkonstruktionen der Lernenden anspornen. Motivation durch praktische Erfolge soll dabei der Motivation durch äußere Leistungsanreize vorgezogen werden. Intrinsisch motiviert gelten SchülerInnen dann, wenn sie von sich aus etwas begehren. Anregungen erfolgen am besten durch lebensnahe, ganzheitliche Problemstellungen, die an Erfahrungen und Interessen der Lernenden anknüpfen und auch emotionale Lernpotentiale ansprechen (vgl. Reich 1998, S.20-26). Dazu gehören überraschende Lernerfahrungen, unerwartete Bekanntschaften, Lehrende, die begeistern, Lernaktivitäten, die ein Stimmungshoch verursachen und die das Gefühl einer Horizonterweiterung bewirken (vgl. Siebert 2005, S.29-44). Ebenso spielen Beobachter in konstruktivistischen Ansätzen eine hervorgehobene Rolle. Sie sind es, die Wirklichkeiten konstruieren, sich in Verständigungsgemeinschaften auf „Wahrheiten" solcher Konstruktionen verständigen und in sozialen Beziehungen agieren. Ob gelernt wird und was gelernt wird, hängt also weniger von den Inputs als von der individuellen kognitiv-emotionalen Vorstruktur und der psycho-physischen Befindlichkeit ab, aber auch vom Kontext, also von der Lernumgebung und der Lerngruppe (vgl. Rustemeyer 1999, S.467-478).

2.2 Konstruktivismus und Kooperatives Lernen

Konstruktivistische Ansätze betonen die aktive Beteiligung der Lernenden und den sozialen Austausch, was eine gute Voraussetzung für kooperatives Lernen schafft. Ausgehend von einem konstruktivistischen Verständnis von Lernprozessen wird der besondere Nutzen kooperativen Lernens in der Förderung einer vertieften, aktiven und interaktiven Auseinandersetzung mit Problemen und Gegenständen in einem sozialen Kontext gesehen. Auf der Basis des Lernverständnisses im Sinne Piagets wird angenommen, dass die Konfrontation mit gegensätzlichen Standpunkten oder Sichtweisen zu kognitiven Konflikten führt und damit Anlass zur Weiterentwicklung bzw. Reorganisation der eigenen kognitiven Strukturen bildet (vgl. Pauli u. Reusser 2000, S.421-425). Doch wurde am Konstruktivismus nicht selten kritisiert, dass der Fokus auf das Individuum gerichtet wird, es jedoch niemals ohne Bezug zu seiner Umwelt wahrnimmt und handelt. Dies gilt auch innerhalb institutioneller Lernsituationen und damit für die Schule und den Klassenverband. Während für Jean Piaget das Individuum weitgehend unabhängig von anderen Individuen sein erfahrungsbasiertes Wissen konstruiert, berücksichtigt Lev S. Wygotski in stärkerer Weise die soziale Interaktion (vgl. Knaus 2016, S.142-144). Seine Theorie betont kooperative menschliche Tätigkeiten, die einen lernsteigernden Effekt auslösen. Aus der Sicht eines sozial erweiterten Konstruktivismus in der Tradition Wygotski´s ist es das sozial konstruierte, gemeinsam geteilte Verständnis eines Problems oder einer Situation, das den Lernzuwachs ermöglicht. Die sozial konstruierte, gemeinsam geteilte Sichtweise wird durch den Prozess des Aushandelns differenzierter und reichhaltiger als das individuelle Vorverständnis. Sie ist deshalb besonders relevant, da Kinder in sozialen Interaktionen Fähigkeiten entwickeln, die sie allein noch nicht beherrschen (vgl. Reich 2008, S.72-73). Der Konstruktivismus ist nicht nur eine Erkenntnis-, sondern auch eine Handlungstheorie. Erkennen ist eine individuelle, systeminterne sensorische und mentale Aktivität des Menschen, die in der Regel für andere unsichtbar bleibt. Handeln dagegen ist eine für andere beobachtbare Tätigkeit, die in sozialen Kontexten stattfindet. Das Subjekt ist nur sozial, nur „vergesellschaftet" denkbar. Ein Schlüsselbegriff konstruktivistischer Pädagogik ist deshalb der der Perturbation (vgl. Siebert 2005, S.29-44). Jeder Impuls von außen bedeutet für das Individuum zunächst eine Störung. Der Mitlernende wird damit zum potenziellen „Störfaktor". Anders als der üblicherweise negativ konnotierte Begriff vermuten lässt, kann diese Störung aber anregend sein. Äußere Perturbationen sind demnach nicht nur nützlich, sondern auch notwendig für die menschliche Entwicklung. Der Bezug zur Umwelt, die Interaktion beziehungsweise kooperative Kommunikation, liefern also wesentliche Impulse für das Lernen (vgl. Knaus 2016, S.142-144). Gefühle sowie persönliche Identifikation mit den Lerninhalten sind bedeutsam, denn kooperatives Lernen verlangt mehr als nur Rationalität. Erst die Diskussion der individuellen Interpretation einer komplexen Lernsituation, entworfener Hypothesen oder möglicher Lösungen trägt dazu bei, die eigene Interpretation und Sinngebung zu überdenken oder gewonnene Erkenntnisse anders zu strukturieren (vgl. Dubs 1995, S.889-903). Durch Gruppenarbeiten, Peer-Learning und die Förderung von Selbstwirksamkeitserfahrungen wird der Lernprozess sozial eingebettet. Dabei sind auch Fehler bedeutsam. Diskussionen in Lerngruppen sind nur sinnvoll, wenn Fehler geschehen und diese besprochen und korrigiert werden. Denn die Auseinandersetzung mit Fehlüberlegungen wirkt verständnisfördernd und trägt zur besseren Konstruktion von verstandenem Wissen bei (vgl. ebd.). Insgesamt sprechen die Erklärungshypothesen beider theoretischer Traditionen ebenso wie empirische Studien dafür, dass sich erfolgreiche Gruppen- oder Partnerarbeiten, insofern sie auch kognitives und metakognitives Lernen fördern sollen, dadurch auszeichnen, dass alle Teilnehmenden sich aktiv und ko-konstruktiv an der gemeinsamen Lösung der Lernaufgaben beteiligen und dass in einem qualitativ hochstehenden Dialog ein gemeinsames Verständnis der Aufgabe und ihrer Lösung entwickelt wird (vgl. Pauli u. Reusser 2000, S.421-425). Die Verbindung von aktiver Wissenskonstruktion und sozialer Interaktion macht kooperatives Lernen zu einem wirksamen Ansatz, der auf den Prinzipien des Konstruktivismus aufbaut und Lernprozesse ganzheitlich fördert. Im nächsten Kapitel soll erörtert werden, wie die Schulsozialarbeit dazu beitragen kann.

2.3 Wie kann die Schulsozialarbeit dazu beitragen?

Im Verlauf meiner Recherche und der oben ausgeführten theoretischen Grundlagen, wage ich an dieser Stelle einen Antwortversuch auf meine Fragestellung. Durch Hinzuziehen konstruktivistischer Ansätze kann die Schulsozialarbeit dazu beitragen, kooperatives Lernen im Klassenverband zu födern. Als eine der Kernaufgaben schulsozialarbeiterischen Handelns zitieren Anke Spies und Nicole Pötter die Förderung Sozialen Lernens. Sozialpädagogische Gruppenarbeit als methodischer Arbeitsansatz bietet sich dabei an, um Inhalte zu vermitteln und Arrangements des Sozialen Lernens zu konstruieren. Dafür ist zum einen die Fähigkeit erforderlich, Gruppenprozesse zu initiieren, zu beobachten, zu beeinflussen und Gruppenarbeit trotz aller Prozessfreiheiten an planvolles und zielgerichtetes Handeln zu binden (vgl. Spies u. Pötter 2011, S. 96). So kann durch die Sozialpädagogische Gruppenarbeit grundsätzlich die Kommunikationsfähigkeit von Schülerinnen und Schülern gefördert werden, indem sie ihnen Anlässe zur Interaktion bietet. Sie animiert dazu, sich zugleich in eigener Initiative für Ziele und Vorhaben zu engagieren und kooperativ auf die Ziele anderer Gruppenmitglieder einzugehen. Kooperatives Lernen geht mit konstruktivistischen Ansätzen einher, denn Lernen gestaltet sich aus beider Sicht als aktiver und sozialer Prozess, bei dem Wissen in Auseinandersetzung mit der Umwelt und durch Interaktion mit anderen konstruiert wird (vgl. Reich 2008, S.). Dennoch muss Schulsozialarbeit für ihre Gestaltung von Gruppenangeboten berücksichtigen, dass Gruppenkontexte und Gruppenarbeitsformen bzw. das Lernen als Teil einer Gruppe über die unterrichtsmethodischen Sozialformen für Schülerinnen und Schüler zunächst mit der Institution Schule und deren Zielvorgaben verbunden ist. Die Schulsozialarbeit ist als interinstitutionelle Vermittlungsinstanz zu verstehen, die als anwaltschaftliche Sozialisationsbrücke zur Verbesserung der Lern- und Lebensraumbedingungen von

Kindern und Jugendlichen unter zu Hilfenahme eines breiten Handlungsspektrums agiert (vgl. Spies u. Pötter 2011, S.). Auch die strukturelle Bedingung der Aufteilung von Schülern und Schülerinnen in jahrgangsbezogene Klassen geben der Schulsozialarbeit Bedingungen vor, die sie bei ihren Konzeptionen von Gruppenangeboten berücksichtigen muss. Ebenfalls eignen sich erlebnispädagogische Maßnahmen, außerunterrichtliche Projekte oder offene Förderangebote, die zur Verbesserung persönlicher und sozialer Kompetenzen dienen. Dabei soll eine unterstützende Lernumgebung gefördert werden, die die SchülerInnen ermutig, ihr Lernen aktiv mitzugestalten. Dabei profitieren die Lernenden nicht nur von der Vielfalt der Perspektiven innerhalb der Gruppe, sondern entwickeln gleichzeitig soziale Kompetenzen wie Teamarbeit, Kommunikation und Empathie. Diese Angebote zur außerunterrichtlichen, selbstorganisierten Gestaltung regen selbstgesteuerte Lernprozesse sowie die Bereitschaft zur Übernahme von Verantwortung an und begünstigen die Persönlichkeitsbildung. Darüber hinaus fördern sie die Lernfreude und Leistungsbereitschaft der Schüler und Schülerinnen (vgl. ebd.) Dennoch muss an dieser Stelle auch erwähnt werden, dass sich die Fragestellung vorliegender Arbeit zum jetzigen Zeitpunkt nicht näher beantworten lässt. Das liegt daran, dass sich die Rezeption konstruktivistischer Theorien im pädagogischen Diskurs schwerpunktmäßig auf den Bereich von Lerntheorie und Didaktik einerseits und den Bereich bildungssoziologischer Problemstellungen andererseits, konzentriert (vgl. Rustemeyer 1999, S.467-478). Mehrere Leerstellen lassen sich besonders auf der Ebene der Umsetzung in pädagogischen Kontexten finden. Eine Ursache dafür ist das Fehlen von Daten. Dies ist ganz generell die Problematik der konstruktivistischen praktischen Lernforschung und wirft dem Konstruktivismus im Besonderen die „Ausschließlichkeit" des selbstgesteuerten, kollektiven Lernen vor, in welchem alle Denk- und Lernvorgänge in subjektiver Weise diskutiert werden, jedoch nicht „universell" festgelegt werden können (vgl. Dubs 1995, S.889-903).

3 Fazit

Zusammenfassend lässt sich wiederholen, dass konstruktivistische Ansätze des Lernens gut mit Kooperativem Lernen vereinbar sind, ganz einfach aus dem Grund, dass die Idee eines kooperativen Lernens aus jenen Ansätzen hervorgeht. Ob aus konstruktivistischer, radikal konstruktivistischer oder sozialkonstruktivistischer Sicht, haben alle Ansätze eine gemeinsame Grundannahme. Und zwar, dass jedes Individuum Wahrheit und Erkenntnis subjektiv konstruiert und Wissen somit von der individuellen Wahrnehmung eines jeden

Subjektes abhängt. Konstruktivistische Lernansätze gehen folglich davon aus, dass Wissen auf den individuellen Erfahrungen und Vorwissen des Lernenden basiert und erst durch die Interaktion mit der Umwelt (Mitmenschen) entsteht. Diese Annahmen bestärken den Einsatz von kooperativem Lernen im Klassenverband. Zieht man nun schulsozialarbeiterische Arbeitsmethoden hinzu, eignet sich in diesem Kontext die sozialpädagogische Gruppenarbeit besonders gut, denn sie schafft eine Lernumgebung, bei der Schüler und Schülerinnen miteinander in den Austausch treten und dabei auf ein gemeinsames Ziel hinarbeiten. Wie sie das schaffen kann, habe ich im vorherigen Kapitel zu beantworten versucht. Als gemeinsamen Schnittpunkt habe ich im Spezifischen die Förderung sozialer Kompetenzen hervorgehoben.

Um diese Arbeit mit einem kritischen Ausblick abzuschließen muss ich an dieser Stelle darauf hinweisen, dass sich mir einerseits mehrere Leerstellen in der Literatur und Forschung aufgezeigt haben. Besonders wenn es um die Verknüpfung von konstruktivistischen Lerntheorien und dem Handlungsfeld der Schulsozialarbeit geht. Eine genaue Antwort auf das "Wie?" konnte in diesem Rahmen also nicht erlangt werden. Des Weiteren weise ich auf curricular verankerte Konzepte bzw. Lernsettings hin, die sich im Speziellen auf die Förderung von sozialen Kompetenzen richten und frei von jeglichem Leistungsdruck, den das Schulsystem von seinen SchülerInnen häufig fordert, agieren. Dabei verweise ich unter anderen auf Konzepte, die aus schulsozialarbeiterischen Ansätzen hervorgegangen sind, wie beispielsweise die immer häufiger auftauchende "Klassenleiterstunde" oder im internationalen Vergleich auf *social-emotional learning practices*. Spannend wäre außerdem die Grenzen und Möglichkeiten einer konstruktivistischern Schulsozialarbeit und deren Nutzen und Funktionen in Abgrenzung oder Kooperation zur Unterrichtsforschung zu diskutieren. Auch dieses Unternehmen würde den Rahmen vorliegender Arbeit jedoch deutlich sprengen.

4 Literaturverzeichnis

Primärliteratur

Dilling, Frederik (2022) Begründungsprozesse im Kontext von (digitalen) Medien im Mathmatikunterricht. Wissensentwicklung auf der Grundlage empirischer Settings. Wiesbaden: Springer Verlag.

Pörksen, Bernhard (Hrsg.) (2011) Schlüsselwerke Konstruktivismus. Mit einem Nachwort von Siegfried J. Schmidt. 2. Auflage. Wiesbaden: Springer VS.

Reich, Kersten (2008) Konstruktivistische Didaktik: Lehr- und Studienbuch mit Methodenpool. Weinheim und Basel: Beltz Verlag.

Reithel, Jürgen et. al (2009) Einführung Pädagogik. Begriffe Strömungen Klassiker Fachrichtungen. Wiesbaden: VS Verlag.

Siebert, Horst (2005) Pädagogischer Konstruktivismus. Lernzentrierte Pädagogik in Schule und Erwachsenenbildung. 3. Auflage, Weinheim/Basel: Beltz Verlag.

Spies, Anke; Pötter, Nicole (2011) Soziale Arbeit an Schulen. Einführung in das Handlungsfeld Schulsozialarbeit. Wiesbaden: VS Verlag.

Sekundärliteratur

André M., Kuhl (1993) Soll die Didaktik konstruktivistisch werden? In: Pädagogische Korrespondenz (1993) 12, S. 36-55.

Dubs, Rolf (1995) Konstruktivismus: Einige Überlegungen aus der Sicht der Unterrichtsgestaltung. In: Zeitschrift für Pädagogik 41 (1995) 6, Beltz Juventa, S. 889-903.

Knaus, Thomas (2016) Kooperatives Lernen. Begründungen – Digitale Potentiale – Konzeptionelle Perspektiven. In: Scheer, August-Wilhelm; Wachter, Christian (Hrsg.) Digitale Bildungslandschaften. Saarbrücken: imc information multimedia communication AG, S.141-155.

Pauli, Christine; Reusser, Kurt (2000) Zur Rolle der Lehrperson beim kooperativen Lernen. In: Schweizerische Zeitschrift für Bildungswissenschaften 22/3, S. 421-442.

Pitsch, Hans-Jürgen (2007) Lehren und radikaler Konstruktivismus. In: Behindertenpädagogik 46, 3/4, S.249-273.

Reich, Kersten (1998) Konstruktivistische Unterrichtsmethoden – lerntheoretische Voraussetzungen und ausgewählte Beispiele. In: System Schule Jg. 2, Heft 1, S.20-26.

Rustemeyer, Dirk (1999) Stichwort: Konstruktivismus in der Erziehungswissenschaft. In: Zeitschrift für Erziehungswissenschaft 2 (1999) 4, S. 467-484.

Seidel, Tina et.al (2008) Konstruktivistische Überzeugungen von Lehrpersonen: Was bedeuten sie für den Unterricht? In: Meyer, Meinert A. et.al (Hrsg.) (2008) Perspektiven der Didaktik. Zeitschrift für Erziehungswissenschaft, Sonderheft 9. Berlin, VS Verlag, S. 259-277.

Vollmers Burkhard (1997) Learning by doing – Piagets konstruktivistische Lerntheorie und ihre Konsequenzen für die pädagogische Praxis. In: International Review of Education 43, S.73-58.

BEI GRIN MACHT SICH IHR WISSEN BEZAHLT

- Wir veröffentlichen Ihre Hausarbeit, Bachelor- und Masterarbeit

- Ihr eigenes eBook und Buch - weltweit in allen wichtigen Shops

- Verdienen Sie an jedem Verkauf

Jetzt bei www.GRIN.com hochladen und kostenlos publizieren